JN410428

위대한 김연복 여사

정대구 시집

시인동네 시인선 057

정대구 시집

위대한 김연복 여사

시인동네

헌사

미운 정 고운 정 듬뿍 들어
검은 머리 파뿌리 되도록 나와 함께 살아가는
나의 마누라님 위대한 김연복 여사
안팎일을 도맡아 해낸 억척같은 김연복 여사
당신 있었기에 내가 마음 놓고 지금까지 시를 쓸 수 있었음을
아시는지요.

김연복이 내 마누라라서 고맙고 자랑스럽습니다.
이딴 것 안 읽어줄 것 뻔히 알지마는
안 읽어줘서 고맙습니다.

당신의 팔순을 기해 드리는 것 오직 이것 하나뿐
백면서생 이 못난 나약한 남편
반성하는 남자
정대구,

차례

제2부

제3부

제4부

제1부

고추를 따면서

고추밭에 가보자
섰다 섰어

시뻘겋게 약이 오른 놈이나
아식 새파란 어린놈들이
땅바닥을 향해
빳빳하게 꽂히듯이 꼿꼿이

고추는 여자가 따야지 고추가 좋아해
남자보단 여자가 더 뿌듯하지 않을까
묘한 느낌이 들어 킬킬 웃으며
아내에게 넌지시 농을 거는데
건 뭔 소리 고추나 잘 따
고추도 요령 있게 따야지

아내의 핀잔이
귀 밖에 쨍쨍 쟁쟁

감사할 뿐

조청 달이는 단내
수정과 물 끓이는 계피 향내
전 부치는 고소한 냄새
약식 찌는 훈훈한 약향
떡국 끓이는 푸짐한 훈김

무슨 무슨 이름 가진 날 한 이틀 전부터
할머니 남양홍씨로부터
어머니 밀양박씨의 솜씨가 가미된
아내 해풍김씨가 만드는 여러 가지 음식 냄새
적어도 삼대에 걸친 음식 솜씨가 뒤엉켜
집 안팎으로 배이고 풍기는 설날 아침,

초계정씨 송죽당공 가문만의 특유한 냄새 따라
차례상 찾아와
흠, 흠, 흠, 흠향하시는 조상님과
마다않고 말없이 구수하게 음식을 장만하는
늙은 구식 아내와

서울서 내려온 자식들을
나는 맨손만 들어 맞이합니다

김장하는 아내

아내는 내가 잘 먹는 파김치랑
이미 시집 장가간 아이들 몫까지

혼자서(딸 며느리 불러 내리지 않고)
며칠을 두고 혼자서
올겨울 김장을 다 해냈습니다

여름 내내 아내가 손수 가꿔온
고추의 가루를 내고
무 파 마늘 다듬고
배추 절여서

확신을 가지고 나는 잘라 말하리라
강한 자여 그대의 이름은 아내라고
강한 자여 그대의 이름은 엄마라고

그 씩씩한 모습, 옆에서 지켜보고만 있는데도
(고춧가루 때문은 아닌 것 같고)

나는 자꾸 눈물 납니다

나를 휩싸고 도는 찬 공기가 따뜻한 공기로 바뀌기까지는

생각처럼 고향은 쉬운 게 아니다 버리고 떠났다가 바닥을 치고 돌아온 나에게, 쉬 돌아와 주지 않는다 선뜻 자리를 내주지 않는다. 떫디떫은 새파란 땡감마냥 마냥 난감했다

그러나 그것은 고향 탓이 아니다
순전히 내 탓이다
고향의 고요에 쉽게 적응 못하는
거친 내 마음을 다스리는 데
반년이 걸렸다

그랬다
처음 얼마 동안은
별수 없이 방문을 자주 여닫거나
마을 안을 헛바퀴 돌듯 빙빙 겉돌거나
쫓기듯 들어와 샤워를 급히 하거나

그렇게라도 해서 조급한 내 마음을 늦출 수밖에 비울 수밖에
그렇게라도 해서 외지에서 끌고 온 내 몸을 추스르는 수밖에

그제야 조심조심 자위가 돌아
내가 놀 만한 공간도 조금 열어 보여주고
낯선 마음을 자리 잡아 앉힐 수 있는
흙 묻은 손이 다가왔다

놀라워라, 스파크 전구가 그렇듯,
나를 휩싸고 도는 따뜻한 공기가 팍팍 터지기 시작이다

논두렁 정기
—농민 이경해 님을 위하여 부르는 노래

우리 마을에 홍사영이라는 젊은 농부는요. 긴 겨울 저녁 우리 집에 마실 와서 놀다가도 오줌 마려우면 우리 집 오줌통 놔두고 논틀 밭틀 건너, 자기네 집 뒷간까지 꾹 참고 달려가서 처리하고 다시 왔었지요. 왜냐고요. 바보냐고요. 아니지요. 오줌 한 방울이라도 흘리지 않고 자기 집 거름통에 모았다가 해동 나면 보리밭에 금비 대신 쓰겠다는 알뜰한, 고지식한 정신이지요.

농산물 수입 개방에 반대하여 WTO 멕시코 카쿤 대회에서 스스로 시퍼런 목숨을 끊어 태양보다 진한 붉은 피를 세계만방에 뿌린 대한민국의 농민 대표 이경해 씨, 다 아시죠. 나는 이 소식에 접하면서 왜 수십 년 전 어느 해 큰 홍수에 시퍼런 자신의 몸을 던져 터져나가려는 논두렁을 베고 죽었다는 홍사영 그분이 생각났는지 모르지만요. 생각해봅시다. 논두렁 정기라도 받아내지 않고서야 어떻게 이 거센 세계화 개방화의 물결을 조금이라도 늦출 수 있겠어요.

일견 바위에 계란 치기 같은 무모한 몸부림이겠지만 세계 어느 나라 농민도 해내지 못하는, 작지만 매운 고추 맛으로 우리는 오천 년을 버티어 지금 지구촌을 깜짝 놀라게 하고 있어요. 문제는 농산물 수입 개방인데 차선책으로 안 사면 되죠. 좀 비싸더라도 신토불이, 매운 정신으로 우리 것만을 우리가 먹어준다면 외제 농산물이 들어온다 해도 우리 농민 우리가 지킬 수 있지 않겠어요. 암, 그럼은요. 이경해 씨가 하늘나라에서 지켜보고 있군요.

농부 아내와 얼치기 남편

농촌에서 나고 자라 잔뼈가 굵고
초등학교를 겨우 나와 떠듬떠듬 한글을 읽고 그리는 그러나
일단 농사일에 당하여는
엔간한 남정네도 혀를 내두르는 구선생의 아내가
벼락같이 그에게 내던지는 말씀

농사는 아무나 짓나
당신 같은 사람은
열 번을 죽었다 깨어나도
풀 한 포기 제대로 못 뽑을 거야
어림 반 푼어치도 없지
붓대나 돌리고
세 치 혓바닥이나 놀리던 자가
어떻게 감히 이 신성한 흙을 만지겠다는 거야
썩 꺼져, 저리 비켜서지 못할까
어차피 아무 도움도 안 되는 당신
돈이 안 되는, 밥도 안 되고 옷도 안 되는
그 잘난 붓이나 벼리라고

말 같지 않은 말이나 갈라니까
만날 갈아봐야 나오는 건 가난뿐이겠지만

심하다 싶을 정도의
아내의 핀잔 구박 멸시에 자존심이 상한 구선생
그러나 더욱 열심히 호밋자루 움켜쥐고
농자천하지대본 따라다니며
땀을 동이로 쏟는 것이었다

농촌에 살며

집 앞이 바로 들길이요
집 뒤가 바로 뒷산이니
논두렁길이든 산길이든
원하는 대로 언제든 갈 수 있어라

맘만 먹으면 맨손 맨발로 곧바로
흙을 만질 수도 밟을 수도 있고
오이 상추 고추 파 마늘 양파 당근 감자 시금치
무 배추 원하는 대로 심어 먹을 수 있어라

차가 많지 않은 것도 괜찮아
하루 다섯 번 마을버스 다니고
한 십 분쯤 걸어 그걸 타고 장에 나가면
병원도 있고 철물점도 있고
없는 것 없는 슈퍼마켓도 있어
얼마든지 생필품 구할 수 있어

전기 들어와

싼 농업용 전기를 사용할 수 있고
맘대로 가전제품 갖추어 쓸 수 있어
고장 나면 어디서 숨차게 AS도 달려와

푸른 하늘 흰 구름 두둥실 눈에 들어오고
땀 흘려 일할 때 시원한 바람 솔솔
솔향기 풀냄새 그대로 호흡할 수 있어 좋아라

더 좋은 건 새벽 수탉 울음소리
듣고 싶을 때 새소리 바람소리 들려오고
보기 좋게 소리쳐 부를 수 있는 거리를 두고
띄엄띄엄 건넛마을 윗마을 다들 넉넉한
마음이 가난한 이웃이 있어 좋아라

뒤통수를 긁을 수밖에

시인이 사는 고향 마을에도 이러저러한 일들이 자주 일어나는 모양이다.

아내가 옷 갈아입고 나설 때 어디 가냐고 물으면 누구네 초상이 나서 간다고. 누구 엄마 칠순 잔치에 간다고. 누가 교통사고를 당해서 병원에 누워 있는데 안 가볼 수 없어 간다고. 오늘 대동회가 있어 마을회관에 간다고. 사강 장터에 모여 무슨 반대운동 데모하러 간다고. 새 공장이 어디 들어오는데, 동네 사람들이 모여 길을 막고 못 들어오게 하러 간다고. 어디 모여서 어디로 새우젓 사러 간다고. 부녀회 회원끼리 야유회 가는데 따라가야 한다고. 그런데 당신은 몰라도 된다고.

시인인 그가 옛 고향에 집을 짓고 들어와 산 지도 벌써 일 년이 다 되어 간다. 그런데, 시인은 아직 마을 사람들을 잘 모른다. 마을 사람들 대부분은 그를 알아보지만 그를 비켜간다. 시인이 가까스로 다가서며 말을 건네려고 하면 마을 사람들은 엉뚱한 질문을 던져 그의 뒤통수를 친다. 지금 대통령이 정치를 잘하고 있는 건가요. 못하고 있는 건가요. 옛날 중공은 공산국가고 지금 중국은 민주국가인가요. 이라크전은 미국이 잘못 일으킨 거죠. 6자회담은 몇 차까지나 할 건가요.

하나도 시인이 쉽게 답할 수 있는 사안이 아니다. 별수 없이 시인은 뒤통수를 긁을 수밖에.

시인이 지금 들어와 살고 있는 시인의 고향 마을은 지구서부터 멀다.

아득한 별나라 화성, 시인은 화성인. 화성서도 땅끝 동네, 송산면 지화리 우복동 221번지. 여기가 지금 시인이 세 들어 사는 시인의 별, 시인의 현주소다. 서울서부터는 승용차로 한 시간 거리이고 지구서부터는 아주 먼. 시인은 차를 왕복 열두 번 갈아타고 일주일에 한 번씩 서울 혜화동에 있는 한국시인학교엘 나간다. 오다가다 마을 사람을 만나면 그들이 묻는다. 어디 가세요. 어디 다녀오세요. 뭣 하러 다니세요. 시를 가르치려 다니지요. 그 어려운 걸 가르치면 돈 많이 받겠네요. 허, 그런가요. 시인은 뒤통수를 긁을 수밖에.

들불 놓기로부터

아, 저 연기
논바닥에 불이 붙었습니다
아마 경칩 지나고부터지요
벼포기 그루터기를 태우는 연기랍니다
어릴 적 쥐불놀이는 아니지만
땅속 개구리가 놀라 잠을 깰 것 같군요
마을 앞 들판 여기저기 이곳저곳에서
어제에 이어 오늘도 연기가 피어오릅니다
모락모락 빨간 불꽃 끝자리에
파란 어린 모 나풀나풀 춤추는 것 같군요
병충해를 없애기 위한 처방이랍니다
논두렁 밭두둑도 말끔히 태우고
오늘 나는 포도나무에 전지를 하고
묵은 고춧대를 모아 텃밭에 불을 놓았습니다
타고 남은 재는 고추밭 거름이 될 겁니다
지금 한창 포근히 불 밝힌 비닐하우스 안에서
불빛을 먹고 밤에도 조곤조곤 자라고 있을 고춧모!
이렇게 우리 농촌마을의 봄맞이는

진자리 마른자리 어린 고춧모를 돌보며
묵은해를 설거지하는
들불 놓기로부터 시작되지요

멍이 들었는데

어디서 부딪쳤는지
팔뚝에 시퍼런 멍이 들었습니다
아내가 하얀 날달걀 한 알 내주며
살살 대고 문질러보라고 했습니다
그렇게 했습니다

얼마 뒤,
멍이 가셨는지
복사하듯 멍이 알로 옮겨 가셨는지
내 팔뚝은 감쪽같고
하얗던 알껍데기에 핏물 같은 멍이 들어
쿠렁쿠렁
알 속이 흔들립니다그려

오죽잖은 멍을 뺀답시고
(그냥 둬도 절로 나을 것을)
그동안을 참지 못하고
당당하게 살아서 깨고 나올

삐약삐약 소리 하나를 곯게 하다니

오호통재라 이럴 수가
이제, 이걸 날로 깨 먹을 수도
삶아 먹을 수도
없고
다시 살려낼 수는 더욱 없고

나의 아내는 냉장고

나이 든 나의 아내는
낡고 볼품없는 똥똥한 냉장고
무시로 툴툴거려
말 붙이기도 어렵지만

그러나 그 안엔
오랜 세월 동안 익혀둔
그녀만의 노하우로
내 입맛에 맞는 산과 바다가 있고
봄 가을 여름 없이
골라서 그 맛을 즐길 수 있는
들판이 언제나 꽉 차게 쟁여 있어

오늘도 나는 슬쩍슬쩍
아내의 가슴을 열고
내가 좋아하는 홍옥을
꺼내어
와삭 깨물어 먹네

무소식이 희소식이라는데

올해도 포도 익어 달콤한 향기
산과 들로 퍼져 나가는데
코끝이 감미로운데

지난해 포도밭에 포도가 익을 무렵
야음을 틈타 수시로 내려와
밤잠을 설치게 했던 산짐승들

이맘때쯤 포도를 따 잡수러
납실 법도 한데
올해엔
그림자도 얼씬거리지 않아

어디서 죽었는지 살았는지
이름도 모르는 산짐승을 기다리시네

무소식이 희소식이라는 말이 있긴 있지만
어디서 농약 주워 먹고 죽지나 않았는지

물푸레나무 좋아리채

내가 어디에 있나
물푸레나무 그 속에 있나
컴퓨터 속에 있나

컴퓨터 속에 들어가
정신없이 커서를 따라가며 자판을 두드리는 이 순간
난데없이 웬 물푸레나무는 떠오르는지

무슨 일엔가 정신이 팔려 있을 때
꾹꾹 눈물을 참아가며 아버지께 종아리 맞을 때
정신이 번쩍번쩍 들게 한 물푸레나무 종아리채

다름 아닌 내가 뒷산에서 꺾어다 만들어 드린
바로 그 물푸레나무 종아리채

아버지는 어디 계신지
나 지금 물푸레나무 꺾어 들고 아버지 찾아가
종아리 맞고 싶은데

정신,

정신 좀 차리라고 이놈아

모내기

이전까지 검은 들이
엊그제 내린 봄비에
중들 안쪽 바깥쪽에
흰 논물이 번쩍이고

그새 벌써 로터리 치고
아프리카 왕거미만 한 큰 기계가 한 대 두 대 들어서서
붕붕 부르릉부르릉 이쪽저쪽 논두렁 넘나들며
왔다 갔다 거미줄 늘이듯 모를 내는데

눈 씻고 다시 봐도 사람은 보이지 않고 없고
저게 뭐고 뭘꼬

하얗게 흰옷 입은 저거 백로?
재네들이 십여 마리씩 떼를 지어 이앙기 뒤를 따라다니며
겅중겅중 모를 심나 보네
옛날에 흰옷 입은 일꾼들이 하던 일을

제2부

밥이나 먹었는지

어제 저녁 어두컴컴할 때까지
포도나무 고랑에 나랑 마주 서서
하루가 다르게 자라는 지네발 따고
곁순 주고 육손이를 따내던 아내
밤새 어깨 결림도 잊고
깊은 잠에 곯아떨어졌던 아내

따뜻이 새벽밥 지어놓고
이 사람 어딜 갔나 했더니
포도농사 짓는 늙은 아내
부슬부슬 가랑비 속에
아침 일찍부터 노란 우비 덮어쓰고
알 솎음이 늦었다면서
또다시 왕성한 포도덩굴과 마주 서 있네

검은 암퇘지의 추억
—처가에서

어느 해 봄이던가
주렁주렁 열두 마리씩이나 새끼를 거느리고
젖을 물리고 있는 처갓집 검은 암퇘지를 보는 순간
오 남매를 낳아 기른 내 아내의 질량만큼이나
건강하고 평화로운
양질의 무게가 달릴 것이라는 생각을 했다

꿀꿀꿀 검게 빛나는 상상력
검은 돼지가 튀어나와
온 동네를 소란스레 떼굴떼굴 굴러다니던
처가의 아침
아내는 처녀 때부터 새끼돼지 몇 배를 내어
많이많이 수도 없이 키워서
살림 밑천 시집 밑천 꾸준히 장만했다며
돼지새끼를 제 새끼처럼 끔찍이 여겼다

꿀꿀꿀 검게 빛나는 재화(財貨)
검은 암퇘지는 나에게

지금도 그만큼 친화적이고 건강하다
상상력이 퇴색해버린 외래종 흰 돼지는 감히 꿈도 못 꿀

부모님 모시듯 혼정신성(昏定晨省)하건만

아침 문안인사가 점점 빨라진다
6시에서 5시 반, 5시, 4시 반, 4시
오늘은 03시 20분에 한 번
04시 20분경에 또 한 번
이렇게 자주 문안을 드릴 수밖에 없는 것은
문안과 문안 사이가 무고치 못하고
유고가 매 밤 발생하기 때문이다

어제 저녁 21시 30분경에 한 번, 22시 15분경에 또 한 번
잘 자라고 저녁 인사드렸는데
오늘 아침 포도덩굴 아래 뒹구는
허연 봉지 씌운 저 즐비한 시체들이라니
귀신같이 잘 익은 놈으로만 골라서 처먹는
그놈들이 어떤 놈들인지
감쪽같이 비운 빈 봉지들을 거두는
내 손이 부들부들 떨려
분하고 억울해 가슴 퍼렇게 멍들것다

포도가 알알이 익어가는 계절인데

여자를 찾습니다

아침저녁으로 동네를 한 바퀴씩 돌다 보니까
우리 마을은 무슨 전시품처럼 그림처럼 고요합니다.
밤이 더 쓸쓸합니다. 지금 헤아려보니
그래도 띄엄띄엄 스물일곱 호나 되는데
야간작업할 수 있는 집이 한 집도 없습니다.
수년 사이 한 번도 어린애 우는 소릴 듣지 못합니다.
여자라곤 오륙십 대 과수댁이거나
칠십 대 이상 할머니들뿐,
이십 대 전후 꽃다운 나이가 되기 무섭게
여자애들 도회로 빠져나가고
생산 가능한 젊은 엄마들 까닭 없이 집을 나가버려
생홀아비가 한둘이 아니고
삼사십 대 노총각도 서너 명 됩니다.
농기구들도 경운기랑 이앙기, 콤바인 등 다 기계화되고
전기밥솥, 세탁기, 냉장고는 기본이고
식기세척기, 김치냉장고 등등
주방도 도시에 진배없이 현대화되고
자가용 없는 집 없는데 여자가 없습니다.

여자를 찾습니다. 철수랑 승국이랑 수만이랑
신랑감들도 보장하건대 모두 착하고 건실합니다.
힘들었던 옛날 농촌 아낙하곤 다릅니다.
참 변소도 수세식 화장실로 바뀐 지 오래고
공기 좋고 살기 편한 널따란 우리 마을로 시집오면
속 편하고 사랑 많이 받을 겁니다.

위대한 김연복 여사

내 마누라 김연복은 오 남매를 쑥쑥 낳아 길러낸 생산적인 여자
김연복은 여섯 살 땐가 일곱 살 때
아버지 그러니까 내 장인어른의 특명으로
난산의 어미 돼지 좁은 산도에, 어린 조막손 밀어 넣어
오물오물 일곱 마리의 새끼돼지를 꺼낸 것을 기억한다
이런 일이 있은 뒤 그녀는 동네의 억센 머슴 녀석들과 어울려
녀석들이 못하는 거친 일도 척척 해내며 그들을 손아귀에 넣고 커갔다
이를테면 남자들도 못 드는 무거운 쌀가마니를 번쩍번쩍 들어 올린다든가
누구와 싸움이 붙어도 절대 지지 않는 그런 여장부로 야생마로 길들여진 김연복,
중매결혼으로 나에게 시집온 뒤에도 힘으로 군림하는 그녀에게
손에 흙 안 묻히는 일들은 일도 아니다 거지발싸개다
이를테면 내가 밤새워 쓰는 시 나부랭이는 휴지 쪼가리에

불과하고

내 혀를 갈아 입으로 벌어오는 돈은 돈 가치로 쳐주지도 않는다

그녀가 밭에서 일하여 얻는 연간 2백여만 원의 높고 귀한 가치에 비해

다달이 그 열 배도 더 되는 나의 퇴직연금(그녀가 몽땅 받아쓰니까 정확한 액수를 나는 모르지만)은 그 발꿈치에 묻은 흙만큼도 못한 적은 돈이다

김연복 여사는 비단옷보다 무명옷이 어울리는 여자

치마저고리도 양장도 아닌 작업바지가 어울리는 여자

그녀는 여인들 누구나 선호하는 도시생활을 마다하고

시골에다 손수 큼지막한 집을 지어놓고(내 마누라지만 대단하다)

지난여름 나를 끌어내린 것도 그녀다 고맙게도

둥근 그녀의 몸빼바시 안에서 나는 편안하다 따뜻하다

그녀가 얹어 준 2층 사랑방에서 마누라 몰래 긴장하며(들키면 야단맞는다)

이른 시각부터 김연복 여사를 컴퓨터에 올려놓고(글감을

준 그녀에게 감사하며)
  또 열심히 되지도 않는 글을 써대는 비생산적인
  나는 그녀 앞에서 언제나 졸장부다

  그녀에게 아름다운 시 한 편 지어 바치지도 못하는 나는

이웃사촌

집사람과 심하게 말다툼한 이웃집 사람
내가 먼저 말을 붙여도 고개를 돌려버려요
눈을 마주치려 해도 눈길을 피해버려요

그 집 마당가에 매여 있는 사나운 개
처음 몇 번 으르렁거리며 발톱을 세웠던가,
내가 몇 번 눈을 맞추고 어르며 달래주었더니
벌써부터 나의 본심을 알아보고
제 먼저 꼬리를 흔들며 나를 반겨요

개하고도 곧 화해가 되고 친해지는 이웃인데
아침저녁으로 만나는 이웃사촌 그 사람
일 년도 더 지난 지금 아직도 나를 외면해요

흰둥아, 이젠 외로운 나의 친구가 되어준 흰둥아,
어떻게 네 집주인을 좀 달래볼 수 없겠니
난 누구하고도 마음 편하게 지내고 싶은데

쌀값과 시집 값이 너무 싸다

돼지고기를 사거나 쌀을 살 때도 우리는
돼지에게 쌀에게
돼지를 키워준, 쌀을 생산해낸 농부에게
하나님 몫까지 더하여
고맙습니다 해가면서

그런 마음으로 값을 흥정해야 합니다
그래야 값을 후하게 쳐 드릴 수 있는 거지요
농부의 땀과 돼지의 삼겹살을 생각하면
농축산물은 좀 비싸게 사도 비싼 게 아니지요
내가 농촌일 겪어봐서 아는데
글자 하나하나 골라가며 시를 쓰는 시인들의
한 톨 한 톨 피 말리는 작업과 진배없는 아픔으로

쌀 한 톨, 시 한 줄 귀한 줄 알아서
아무튼 시집 값, 쌀값이 너무 싸다
시집 정가, 쌀값 올려 받으시오
뭐, 그런 대접 받으며 살날이 올 수 있는 거지요

평화를 노획하다

어린 콩순을 빼먹고 심지어 고추나무에 매달린 풋고추의 꼭지를 쫘서 그 씨를 파먹고 심하다 심해 요즘 적잖이 평화로운 농촌을 괴롭히는 평화의 사도 비둘기를 애써 노획한다 비닐하우스 안에까지 날아 들어온 그놈을 아내가 붙들어 이웃 광순엄마랑 나누어 구워 먹었다 자주 있는 일은 아니지만 이로써 우리 농촌에 비로소 작은 평화가 왔다

포도나무 전지 제1장

외눈만 남겨도 안 되고
두 눈을 살려서 가위를 대라고
어제 포도나무 전지작업을 시작하며
아내로부터 한 수 배웠습니다

사람도 눈이 두 개
개도 닭도 소도 새나 물고기도
도마뱀, 두더지, 굼벵이, 송충이, 배추벌레
모두모두 눈이 두 개잖아요
그것도 몰라요

꼭 두 눈만을 남기고
세 눈부터는 한눈팔기 쉬우니까
싹둑 잘라내야 해요
그래야 포도덩굴이 실하고
또록또록 알찬 열매가 달리지요

두 눈으로 균형을 잡으며 제 길을 알아서 가거든요

물론 외눈으로 갈 수도 있고
여러 눈으로도 갈 수는 있지만
그러면 포도덩굴은 엉망이 되지요

외눈은 실수할 수도
외로운 독단주의에 빠질 수도 있고
많은 눈은 어지러워
사공이 많은 배는 산으로 가지요

풀과 나무의 집에서 하룻밤을 묵는데

표 시인 내외가 낳아 기른 풀과 나무의 집은
온갖 풀벌레들이 베푸는 음악 경연대회장이었습니다
아무리 음치고 잠벌레라 한들 어떻게 그냥 잠들 수 있겠습니까
맑고 애절하게 밤을 활짝 밝히는 아름다운 멜로디
그러나 아쉽게도 어디서 새벽이 빨리 오고
수탉이 활개 치며 뽑아내는 나팔 소리 꼬부라진 울음이
풀벌레가 밝히고 남은 어둠을 어디론가 싹 헐어갔습니다

흙과 소꿉놀이

양지바른 곳에 아이들이
나와 앉아 소꿉장난합니다
흙을 파서 밥을 짓고 국을 끓이고 나물도 무칩니다
영미는 엄마 되고 철수는 아빠 되고
아들도 되고 딸도 되어

얘들아
너희 어린 것들이 어떻게 알았니?
흙에서 쌀이 나오고
흙에서 무 배추가 자라고
흙에서
감자도 토마토도 도라지도 나온다는 것을

예전엔 소꿉쟁이 아이들도 훤히 알고 있는 흙의 이치를
요즘 어른들은 왜 모른다니?
흙의 숨구멍을 함부로 시멘트로 봉해버려
쯧쯧,

흙을 찾아서

돈바람이 휩쓸고 다니는 서울 바닥에선 강남이든 강북이든 땅값만 비쌌지 흙 구경하기 힘들어

흙을 찾아 나 5년 전 경남 양산 땅으로 내려가 풀풀 날리는 풀 향기 맡고 훅훅 묻어오는 흙의 숨소리를 들었지
그런데, 양산의 땅값 그 사이 다섯 배로 뛰는 바람에 논과 밭이 시멘트로 덮이고 나 그곳에서도 밀려나 어디로 가나 방황하다가 이곳 지촌마을로 숨어들었지

지화자 좋다 돈바람이 비켜가는 지촌마을 흙은 옛 흙 그대로 흙강아지 두더지 여전히 땅속을 활개 치는 무풍지대인 줄만 알았는데, 몰려오는 자본의 속도에 안전지대는 어디인지?

오늘 아침 나 텃밭에 흙을 갈아 감자를 심다가 허리를 펴면서 보았다 저 저 괴물, 처음 보는 흉물스런 레미콘 차 드디어 이 벽촌까지 파고들어 또 어디에 줄줄이 시멘트를 들이부으려나
흙의 숨통을 조이려나 레미콘의 뒤를 따라 기세등등 영악

스런 돈바람 몰려오면 와룡산의 허리도 잘리고 흙강아지 두더지 무논의 거머리 감자밭 포도밭도 밀려나

나 와룡선생 또 어디 가서 감자 심고 무공해 숨을 쉬고 풀풀 날리는 풀 향기 맡고 훅훅 묻어오는 흙의 숨소리 듣는다지?

줄탁(啐啄)

이월 중순께부터 고추마을인 우리 동네에
집집마다 하루하루 양지바른 비닐하우스 안에
아가들이 태어날 산실이 마련되지요
부지런한 아랫마을 승호네 집을 시작으로
그저께도 아랫마을에서 한 집, 재명네
그리고 건넛마을 정순네
어저께는 옥순네 오늘은 승구네 이렇게

내가 아침 일찍 동네를 한 바퀴씩 돌면서 확인했어요
비닐하우스 안에 또 지붕 낮게 꾸민 이중 비닐하우스 안온실에
엄마의 젖가슴 같은 전구 두 알 불을 밝혔네요
실내에 꽉 찬 엄마의 분홍 젖살 빨아들이며
아직 보이지는 않지만, 아가가
엄마의 뱃속에서 속닥속닥 송알송알 옹알이를 하는
따뜻하고 신비스러운 귀여운 소리를 들었어요

처음에 난 잘 모르고 아내에게 물어봤더니

아, 그게 글쎄 고춧모 싹 틔우는 소리라네요
이렇게 나는 하나하나 배워가고 있어요
비실비실 비록 고희를 넘긴 늦깎이긴 하지만
어미의 도움으로
갓 깨고 나온 햇병아리가 삐악삐악 세상을 읽어내듯
농사귀신 아내에게 하나하나 배워가며

지화리 우복동에서

내가 세상에 바닥을 치고
세상과 담을 쌓고
무풍지대 지화리 우복동(牛腹洞)에서
상처를 달래듯 허허실실
허허(虛虛)로 집을 짓고
아침에 한 번, 저녁에 한 번
소 뱃속 같은 마을 안을 한 바퀴씩 돌며
적응하기 6개월째 일궈낸 적잖은 평화
일상에 차츰 여유가 생기고
치유의 살이 돋아
이제야
실실(實實)로 돌아오는 마음
누가 꼬여낸다고
쉽게 넘어가진 않을 것

제3부

새 보기

심심하냐고
새들이 나에게
일거리를 만들어주네
허수아비가 되어 새나 보라고
늘그막에 귀농한 나
아무리 새를 향해
팔을 흔들어도 새도 못 쫓는
진짜 허수아비

숨바꼭질하듯
새하고 나하고 바람하고 놀다 보니
농촌 생활, 심심할 틈 전혀 없네

거지와 소년

지난번 시골 내려올 때 차 안에서 드시라며 빵가게 하는 며늘아기가 건네준 빵을 서울 지하철 어느 전철역에서 노숙하는 노숙자에게 슬쩍 건네준 할아버지는

소풍 행렬에서 빠져나와 길가에서 모자를 벗어들고 구걸하는 맨발의 한 거지 할아범 모자 안에 어머니가 싸준 찐 고구마를 슬쩍 넘겨준 바로 그 소년이었다

중학 1학년짜리 그 소년의 꿈은 거지 없는 세상을 만드는 훌륭한 사람이 되겠다는 것이었는데 잘못되어 그는 힘없는 시인이 되었고

6·25 전후보다야 지금 세상은 많이 좋아져서 맨발의 거지는 그때처럼 눈에 띄지는 않지만, 노숙자라는 새로운 이름의 거지는 나날이 늘어나고

지금의 노숙자에게 빵을 건넨 그 할아버지는 신작로를 맨발로 걸어 다니다가 그만 자전거로 출퇴근하는 교감선생께 들켜

'거지 없는 세상, 이 땅에 모든 거지가 신발을 신을 때 저

도 신을 신겠습니다'라고 해서 교감선생을 깜짝 놀라게 한
그때 바로 그 소년

고맙습니다

내가 무슨 말이든 입을 벌렸다 하면
주먹으로 냅다 입을 틀어 막아주니 고맙습니다
이해가 안 되겠지만
덕분에 내가 묵언의 자유를 누릴 수 있으니까요

어제 목욕한 몸, 방금 감은 머리인데
냄새가 난다고 해서 고맙습니다
깨끗이 해서 남 주나요
다시 머리 감고 몸을 씻지요

그대가 내 마누라가 되어주어서 고맙습니다

남들은 아무렇지도 않게 보아 넘길 내 언행에
일일이 토를 달고 잔소리를 해주어서
나는 그걸 큰소리로 받들어
하나, 하난 백 가지를 다 잘 고쳐 모시고 있습니다
미운 놈에게 떡 하나 더 준다는데
떡 대신 매를 주어서 고맙습니다

내가 밉지 않은가 보죠

단순히 시를 짓는다는 죄 때문에
아무리 윽박지름을 당해도
밟히고 밟혀도 다시 고개 드는
내가 이만큼이나 시 쓰는 고통을 누리는 것이 다
내 마누라님이 되어준 그대 덕분입니다
고맙습니다

가을볕

노란 햇볕이 고소하다
코를 간질이는 냄새 따라
나는 연일 들판으로 나가 무릎 꿇는다
고슬고슬 노랗게 익어가는 벼의 향기
따끈따끈한 햇볕
그 양만큼 소출은 늘어
우리 동네 앞뜰에서만도
양곡 수십 가마니는 더 거두리라
알토란같은 가을 햇볕 한 말 한 홉 속에
한 말 한 홉의 벼가 더 익어
그 중량감이 만져지고 느껴지는
진하고 넓은 가을 햇살이 고맙고
농부님네의 땀이 고맙고
토지지신(土地之神)이 고맙고

기러기 행렬을 바라보면서

길게 줄을 지어 어디를 가시나
누구와 이별하였는지
기럭기럭 울면서 돌아가는 저 기러기떼

장선을 필두로 좌우로 날개를 활짝 편 학익진
바닷물 속에 쇠사슬 길게 걸어놓고
단 몇 척의 배로 수백 척의 왜선을 일망타진한 일자진

스물네 번 싸워 스물네 번을 다 이긴
바다의 영웅 이순신 장군을 만나러 가는 길이 아닐까
추운 하늘 기럭기럭 울면서
적선을 다 무찌르고 전사한 장군을 조문하고
돌아가는 길 아닐까

김치 예찬론

한국에선 일찍부터 여러 가지 김치문화가 발달해
배추김치 무김치 파김치 외김치 미나리김치
그밖에 재료도 여러 가지 담그는 법도 조리법도 여러 가지
백김치 물김치 나박김치 깍두기 동치미 채김치
김장김치 얼갈이김치 김치찌개 김치복음 묵은지
'떡 줄 사람은 생각도 않는데 김칫국부터 마셔'라는 말도 있지만
한국인은 외국 가서도 순갈 들고 김치부터 찾는다는데,

조류독감 같은 것에도 한국인은 강해
알고 보니 한국 김치는 인플루엔자 항암성 발효식품
여러 가지 질병을 미리 막아준다네
한국 김치 속에는 몸에 좋다는 파 마늘 생강 고춧가루
온갖 양념이 골고루 들어가 미묘한 맛을 내는 종합영양제
알고 보니 한국인의 우수성도 다 김치 덕이래

김치를 못 먹는 나라에서도 한국 김치를 연구하고
다투어 김치 담그는 법, 먹는 법을 배워 간다는데

허나 기무치는 몰라도 김치 아무나 배우고 아무나 먹나
원조 한국 김치는 배우기 쉽지 않지
한국 김치는 단순히 매운맛만 낼 뿐 아니라
시원하고 개운한 이 감칠맛
외국인은 쉽게 입맛들이기 어려워 진땀을 낸다네

마누라

하루에 열두 번도 더 나와 헤어지는 여자

내 머릿속 내 가슴속 내 꿈속까지 들어와

온통 나를 다 차지하는 단 한 사람의 여자

벼에게 배운다
—허약한 나의 시를 위하여

내 몸이 다치고 지쳐서 풀이 죽을 때
나는 사나운 비바람에도 빳빳이 일어서는
가늘고 긴 벼잎을 떠올리며
그렇게 살아갈 정신을 차린다

내가 아직도 빳빳이 고개 세우고
여기저기 얼굴 내밀고 나댈 때
익을수록 고개 숙이는 벼이삭을 생각하며
나는 부끄럽다 부끄러워 얼굴 붉힌다

나락이 하나하나 껍질을 벗고 드러내는 눈부신 통통한 알몸[米]
사람들의 허기를 달래고 살이 되고 피가 될 때
나는, 나의 시는 어떤가
얼굴 들지 못한다

막걸리와 대통령

한국 대통령에 입후보한 자
모름지기 막걸리 마시는 모습을 보여주시게
공사판이나 시장바닥 또는 농어촌을 돌면서
유권자와 어울려
막걸리 한 사발 캬, 들이킬 줄 알아야 당선 가능성도 그만큼 높아지느니
한국의 대통령 된 자
모름지기 막걸리를 마셔야 하느니
(소주도 좋지만 소주는 속을 상하게 해)
그래야 하느니
그래야 한국의 농민 노동자
한국 사람들의 속을 풀어주는 정치를 펼 수 있으리

한국의 대통령이 막걸리 아닌
양주이거나 맥주만을 마시기만 한다면
기생오라비같이 빤질빤질 갈급한 정치이거나
부글부글 거품만 풍기는
마침내 공약(公約)이 공약(空約)으로 사라지는

소모적인 거품정치밖에 남는 게 없으리

요컨대, 한국의 대통령은
종종 혼자서라도 달밤에 막걸리를 한 사발 쭉 들이킬 줄 알아야
하느니

복날이 그냥 지나갈까

개 파세요 개 삽니다
부드러운 안개의 복면 속에서
짐차를 끌고 느릿느릿 지나가는
확성기의 공포 앞에서
아닌 밤중에 홍두깨
나만 괜히
철렁했나?

잠시 멈칫했던
마을 안 공기 다시 깨어나
아무것도 아니라는 듯,
꼬리를 내렸던 그 사나운 개들이
다시 꼬리를 치고
꼬리를 세우는데,

과연 복날이 그냥 지나간 걸까?

빵의 임자는

팔다 남은 거라며 싸갖고 들어와
내일 시골 내려가면 드시라고 쇼핑백에 한 보따리 담아놓았다
나는 식구들 누구도 잠에서 깨기 전에
그걸 들고 나와 대홍역에서 10여 분 기다려 첫 지하철을 탔다
지하철 안은 한산해서 노숙자인 듯싶은 한 중년의 사내는
자는 듯 긴 의자에 잔뜩 웅크리고 누워 있고
경로석에 나만큼은 아니지만 나이 든 또 한 분
노숙할 역을 어디로 이동하는 듯
구지레한 보따리를 앞에 놓고 잔뜩 싸맨 채 멀뚱히 앉아 있었다
홀아비 냄새도 물씬 풍기는 그에게 나는 다가앉으며
이거 뚜레쥬르라고 아주 맛있는 빵인데
우리 며늘아기가 나 먹으라고 싸준 건데
괜찮으시다면 받아주시겠소
잠이 덜 깬 듯 나른 승객들이 아무도 눈치 못 채는 사이
빵 보따리가 그의 무릎 위로 옮겨졌다

어떻게 알았는지

어떻게 알았는지
들킨 적 없이 들켜버린 나
집사람이 어느 날 느닷없이
내 얼굴을 정면으로 쏘아보며 말했다
네가 잘났다고 쓰는 시라는 것
보나 마나 쪼잔한 것들이지
별수 있나 좁쌀영감탱이
순간,
쪼잖지도 않게 돋은 내 혓바늘이 아리다
사실 나에 대해서 거의 모르는 게 없는
집사람이긴 하지만
어떻게 알았을까
장담하건대, 시 근처는 물론이고
글과 담을 쌓고 살면서도
역시 집사람은 내 아픈 곳을
정확하게 건드리는 명수다
벌렁, 뒤로 나자빠지겠다
가끔 뜨끔뜨끔하다가

지금처럼 한 방 맞고 뒤로 나자빠지는 내가
나의 시다

가을

아내는 나보고
마당이나 쓸라 하는데
나는 쓸고 싶지 않네

울긋불긋 마당을 수놓은 잎새들
종종종
잠시
숨을 고르고 있는데

제4부

귤 가족
—가화만사성

식탁에서든 어디에서든
손 안에 들어온 귤 한 개
칼 안 대고 간편하게 떼어내어
먼저 앞 사람 옆 사람에게 권하고
한쪽씩 골고루 나누어 먹으며
도란도란 웃음꽃 피워
참 밝고 따뜻한 우리 가족
더없이 단란해
단합도 잘돼 귤 가족
곱고 말랑말랑해
새콤달콤 먹기도 좋아
누구에게나 친근하고
누구와도 어울리는 우리 가족
가화만사성
안 풀리고 안 될 일 어디 있겠어

돼지보다 더 낮은 수준으로 나는 아내에게 사육당한다

대체로 고집 센 농촌 출신 아내는 돼지 기르기 고수다
하루 세 끼 거르지 않고 정성스레 돼지죽을 챙겨줄 뿐만 아니라
꿀꿀거리는 돼지 소리를 어떻게 잘 알아듣는지
꿀꿀꿀 죽 세 바가지, 꿀꿀 죽 두 바가지
낄낄 낄낄낄 간지럼 태워가며 장난질도 잘해
언제 보아도 대만족 행복하고 아름답게 보인다
그래서 그런지 우리 집 돼지는
다른 집 돼지보다 늘 실한 값에 팔려나간다

해서 나는 아내의 돼지가 부럽다
아내와 돼지는 꿀꿀 소리 하나로도 대화가 되고
소통이 잘 되는데
아내와 나 사이엔 다정한 대화는커녕
배고프다 하면 그 뱃속엔 거지가 들어앉았느냐며 윽박지르고
참다못해 터져 나오는 기침도
당당히 하고 싶은 말도 맘대로 못해

나도 모르게 흘리는 혼잣말에
벼락같이 함구를 명한다
중얼거리긴 뭘 그렇게 중얼거려
입 닥쳐!

숨도 못 쉴 것 같은 깊은 침묵
철옹성 같은 아내의 성에 갇히어
잔뜩 잔소리나 얻어먹고 헛배 불러
토해내는 이따위 시에
누가 실한 값을 매기겠어?
아내 몰래 새벽에 일어나
조마조마
겨우 돼지죽거리도 안 되는
똥값이나 할는지 전전긍긍

얼치기

왜 안 받아주나
마누라는 늙었다고 안 받아주고
서울 사는 자식들은
제가끔 바쁘다고 안 받아주고
가는 곳마다
조직 명단에 없다고 안 받아주고
수용할 공간이 없다고 안 받아주고
다시 시골 내려가면
도시를 기웃거린 놈
기름 냄새 먹물 냄새 싫다고
강아지풀도 절레절레 머리를 흔들고

어뜩비뜩 책상물림 얼치기
오나가나 푸대접

석양에
고
개

떨

군

그 사내

하, 공중부양하겠네.

여의도 등대

여의도는 국회가 열리는 기간에 풍랑이 장난이 아니다
조용히 끝내는 회기가 없다

여야
야야

혀를 갈아먹고 사는 선량이라지만
말씀이 너무 거세다
파도가 하늘을 치겠다

관습처럼 멱살 잡는 말싸움 몸싸움으로
삿대질로 사공은 산으로 가고 오랫동안 표류하는
여의도 너무 멀리 왔다
제19대 국회 개원을 기해
대한민국 여의도 국회의사당 앞마당에 이제는 등대를 세우자

백주대낮에도 길 잃고

방향 감각 잃고
너냐 나냐 뒤엉켜 뒤죽박죽이 되는 일등 선량님들
눈뜬장님들
정신 차리라고

일등 대한민국 여의도 국회의사당 앞마당에 등대를 세우자
북극성만큼 높게

잔디를 위하여

제 둥지에 남의 새끼를 받아 키우는 바보 같은 새의 이름이 뭐지요?

잔디가 꼭 그래요
출처도 모르는 떠돌이 풀씨들을 받아내려
비에 떠내려갈까 바람에 날아갈까 고이고이 제 품속에 안아 기르더니
그 끝이 고작 잡초 천지라니 바보인가요 성자인가요

몇 년째 부모님 산소를 지키면서 발견한 사실인데요
지지난해에도 지난해에도 이 잡듯이 잡초를 뽑아내고 뽑아냈건만 지금에 다시 보니
이건 고기 반 물 반 정도가 아니고 잔디보다 잡초가 더 많아 온통 잡초 세상
그렇다고 어찌 착한 잔디를 탓하겠어요 근처 맨땅 놔두고 잔디밭에 날아들어
잔디 품속에서 잔디를 잡아먹고 제 세상 만드는 잡초를 욕해야지

제 새끼를 남의 둥지에 몰래 낳아

남의 어미 품속에서 자라게 하는 얌체 같은 새의 이름이 뭔가요?

잔디 품속의 잡초가 얄밉기 꼭 그놈 같아요

잡풀을 뽑으며

쇠털 같은 나날
제초작업
해도 해도 끝이 안 보이는 잡풀

뽑고 뽑아도 생겨나는 건
또 잡풀
잡동사니 내 생각처럼

지나놓고 보니
사랑도 미움도 다 한세월

맵고 달고 쓰고
울고불고
잡풀 뽑기가 뭐 일이나 되나

일 같지 않은 일로 나는 바쁘오
잡초든 뭐든
좋든 싫든

날마다 내 몫의 일을 받아
매일매일 나를 살아내는 이유
그래 고맙소

장마 끝

빨래통 속에서 콜콜 냄새피우는 짜증들
탁탁 털어내어 빨랫줄에 널어 말리는 아침이다

이불 속 같은 긴 장마 잠에서 깨어나
오랜만에 기지개를 켜는 와룡산 와룡이 낯설다는 듯
반갑다는 듯 멍멍이가 내달아 멍 멍 멍

이웃집 아낙네가 이웃집 아낙네 불러내어
벌써 들에 나갈 채비로 들메를 하고
며칠만인가 둥지에서 빠져나온 까치가
깍깍, 곧 날아오를 듯 꽁지를 까딱까딱

다 잘될 거다
새파란 들판을 건너온 아이들이
오랫동안 집구석에 처박힌 나를 끌어내어
하늘에다 둥둥 띄우고 있다
헹가래쳐 들어 올리고 있다

나는 무릎 싸안고 허리 구부려
ㄱ ㄴ ㄷ ㄹ 몸을 말아 둥글게 둥글둥글
서너 바퀴 공중제비 돌고 굴러떨어진다
쿵, 엉덩방아를 쪄도 나는 아프지 않다

쨍쨍, 흰 날빛이 푸르게 눈부시다

어머니 소리

꼭두새벽
잠결에 듣던
달그락 달그락
조심조심
부엌에서
그릇 부딪는 소리

뙤약볕 아래
긴 하루 쪼그려 앉아
달그락 달그락
호미로
마른 콩밭 매시던
땀이 흠뻑 밴
소리

지금 어디서 듣나
달각달각 달그락
그리운

어머니 소리

제사를 지내는데

어제 저녁 아버지 제사를 지냈습니다
오늘 아침 일어나 생각해보니
죄송스럽게도 아버지 어머니 얘기는 한마디 않고
조율이시 제수 음식에 덥석덥석 미리 손을 대는
손자 녀석 재롱 얘기로 제청을 수놓았던 듯합니다

顯考學生府君 神位
顯妣孺人密陽朴氏 神位

두 분께서도 나란히
귀염둥이 증손자 보심이 기쁘신지
제상 위에 켜놓은 두 자루 촛불 가만히 흔들어
괜찮다, 괜찮다 하시는 유음(幽音)이
이제도 내 귀를 밝히는 듯합니다

태극기

일제 때 쫓겨 다니던 태극기
6·25 때 몰래 숨겨진
손바닥만 한 태극기
민주투사 주검 위에 말없이 덮히던
우리의 태극기
월드컵 신화를 만들어 세상을 덮고
수출 한국의 상표
세계만방 뒤흔드는 태극기 함성
지금 내 연구실 책상머리 정면에
반듯하게 걸려 있네
세계 어느 나라 국기보다
디자인도 색상도 아름다운 우리나라 태극기

초록 촛불

나는 광화문 촛불 현장에 있지 않았다
개혁이니 보수니 하는 시끄러운 소리가 서로 부딪치고
밤마다 수십만 그루 촛불이 타들어 간다는데

예봉산 승학산 와룡산이 시퍼렇게 지켜 서서
바깥 망을 보고
그 안에 수백 수십만 평의 노동이 자라는 우리 마을
(여기서 나는 구슬땀을 심어 벼농사를 짓고 있다)

눈부셔라 우쭐우쭐 춤을 추듯
시위하는 우리 마을의 평화
한 포기 한 포기의 벼는 바로 한 포기 한 포기 촛불
쭉쭉 자라나는 싱싱한 초록 촛불을 보아라

숨 가쁘게 내뿜는 시퍼런 목소리
어떤 권력의 힘으로도 막을 수 없는 평화가
고요히 넘쳐흐르는 이 아침

이러쿵저러쿵
시시비비 잡것들이 끼어들 자리가 없다
농사가 한창인 때는 벼락 치는 소리도 귀 밖에 멀다

칠월의 한때

평화로운 칠월이

우리 마을 앞에 펼쳐졌네

띄엄띄엄 흰옷 입고 푸른 전장(田庄) 둘러보는

다 떠나고 몇 집 안 되는 마을 사람들

호미 걸어놓고 적자뿐인

땀을 씻어 내리는 농부들

농자천하지대본이란 게 무엔지

지난해처럼 남 다 내주고도

북을 치듯 둥둥 둥

헛배 두드린다네

시와 놀란다

아내가 들일을 하러 나가는데
따라 나가려니까
들은 자기에게 맡기고
날 보고는 시하고나 놀아라 한다
일을 그르친다고

조금은 자존심이 상했지만
고마워라
시를 만지는데
두 손으로
시의 젖 봉오리를
움켜쥐고 젖꼭지를 핥는데
부르르 떨렸다
시가 클라이맥스에 도착했나
오르가슴인가
나는 더는 모른다

해설

농투성이 아내에게 바치는 헌사

이승하(시인·중앙대 교수)

정대구 시인의 시적 행보에 있어 이번 시집은 대단히 특이한 위치를 점하게 될 것이다. 팔순을 맞이한 아내에게 헌정하는 시집이기 때문이다. 100세 시대이니 만큼 회갑연이나 칠순잔치를 하지 않고 그 대신에 시집을 출간해 출판기념회를 갖는 경우는 왕왕 봐 왔지만 시인이 아내의 팔순을 기념해 한 권의 시집을 출간, 헌정한 예는 한국 문단사 전체를 놓고 보더라도 초유의 일이다. 헌사에 이런 구절이 있다.

> 김연복이 네 마누라라서 고맙고 자랑스럽습니다
> 이딴 것 안 읽어줄 것 뻔히 알지마는
> 안 읽어줘서 고맙습니다.

당신의 팔순을 기해 드리는 것 오직 이것 하나뿐
백면서생 이 못난 나약한 남편
반성하는 남자
정대구,

왜 시인은 아내가 이 시집을 안 읽어줄 거라고 미리 생각하고 있는 것일까? 그럼에도 불구하고 왜 고맙다고 인사를 하는 것일까? 시인이 '이딴 것', '백면서생', '못난 나약한 남편'이라는 용어를 써가며 자조하는 이유는 무엇일까? 아마도 이 헌사를 먼저 읽은 독자라면 이런 여러 가지 궁금증에 휩싸이게 될 것이다. 시력 44년에 20여 권의 시집을 냈다면 2년 반 만에 1권씩의 시집을 내온 셈이다. 정대구 시인의 꾸준함은 우리 시단에 정평이 나 있는데 이번 시집은 시집 서두의 이 헌사가 일단 심상치 않은 분위기를 조성하고 있다. 이 궁금증을 뭇 독자와 함께 지금부터 하나하나 풀어 나가도록 할 것이다.

아내는 내가 잘 먹는 파김치랑
이미 시집 장가간 아이들 몫까지

혼자서(딸 며느리 불러 내리지 않고)
며칠을 두고 혼자서

올겨울 김장을 다 해냈습니다

여름 내내 아내가 손수 가꿔온
고추의 가루를 내고
무 파 마늘 다듬고
배추 절여서

—「김장하는 아내」 부분

이 땅의 주부들 중에 김장 안 하는 사람도 있기는 있겠지만 대부분 한다고 했을 때 '김장하는 아내'는 별 대수로울 것 없는 사람일 것이다. 그런데 문제는 김장의 재료다. 화자의 아내는 여름 내내 손수 배추, 고추, 무, 파, 마늘을 가꿔 가을에 그것을 수확해 김장을 담그는 것이다. 화자는 아내를 "늙은 구식 아내"라고 부른다. "낡고 볼품없는 뚱뚱한 냉장고/무시로 툴툴거려/말 붙이기도 어렵"다고 하니, 시인의 아내가 이 시를 읽으면 언짢아할지도 모르겠다. 게다가 "농촌에서 나고 자라 잔뼈가 굵어/초등학교를 겨우 나와 떠듬떠듬 한글을 읽고 그리는" 정도니 시를 누가 읽어준다고 한들 고개를 끄덕여줄 리 만무하다. 그런데 화자의 아내가 오히려 큰소리를 친다.

당신 같은 사람은

열 번을 죽었다 깨어나도
풀 한 포기 제대로 못 뽑을 거야
어림 반 푼어치도 없지
붓대나 놀리고
세 치 혓바닥이나 놀리던 자가
어떻게 감히 이 신성한 흙을 만지겠다는 거야
썩 비켜, 저리 비켜서지 못할까
어차피 아무 도움도 안 되는 당신

—「농부 아내와 얼치기 남편」 부분

이제 비밀이 풀렸다. 집의 농사일을 도맡아서 하는 아내에게 "붓대나 놀리고/세 치 혓바닥이나 놀리던 자"가 일을 돕겠다고 하니 방해만 될 뿐이다. 농부 아내는 얼치기 남편에게 방해나 하지 말라고 "썩 비켜, 저리 비켜서지 못할까" 하고 큰소리를 친다. 고추를 수확할 시점에 화자는 고추밭에 가서 "고추는 여자가 따야지 고추가 좋아해" 농담을 건네면서 고추를 따는데, 이 말조차 "건 뭔 소리/고추나 잘 따/고추도 요령 있게 따야지" 하면서 핀잔을 듣는다. 이런 일에조차도 큰 도움이 안 되는 남편이다. "집 앞이 바로 들길이요/집 뒤가 바로 뒷산이니/논두렁길이든 산길이든/원하는 대로 언제든 갈 수 있"(「농촌에 살며」)는 곳에서 함께 살고 있지만 두 사람의 생활 반경은 영판 다르다.

아내가 옷 갈아입고 나설 때 어디 가냐고 물으면 누구네 초상이 나서 간다고. 누구 엄마 칠순 잔치에 간다고. 누가 교통사고를 당해서 병원에 누워 있는데 안 가볼 수 없어 간다고. 오늘 대동회가 있어 마을회관에 간다고. 사강 장터에 모여 무슨 반대운동 데모하러 간다고. 새 공장이 어디 들어오는데, 동네 사람들이 모여 길을 막고 못 들어오게 하러 간다고. 어디 모여서 어디로 새우젓 사러 간다고. 부녀회 회원끼리 야유회 가는데 따라가야 한다고. 그런데 당신은 몰라도 된다고.

…(중략)…

아득한 별나라 화성, 시인은 화성인. 화성서도 땅끝 동네, 송산면 지화리 우복동 221번지. 여기가 지금 시인이 세 들어 사는 시인의 별, 시인의 현주소다. 서울서부터는 승용차로 한 시간 거리이고 지구서부터는 아주 먼. 시인은 차를 왕복 열두 번 갈아타고 일주일에 한 번씩 서울 혜화동에 있는 한국시인학교엘 나간다. 오다가다 마을 사람을 만나면 그들이 묻는다. 어디 가세요. 어디 다녀오세요. 뭣 하러 나니세요. 시를 가르치러 나니시요. 그 어려운 길 가르치면 돈 많이 받겠네요. 허, 그런가요. 시인은 뒤통수를 긁을 수밖에.

—「뒤통수를 긁을 수밖에」 부분

화자의 아내가 사시사철 주야장천 농사만 짓는 것이 아니다. 농사 외에도 이렇게 일이 많다. 그에 비해 이 시의 화자인 경기도 화성 벽촌에 사는 시인은 일주일에 한번 서울 혜화동에 있는 한국시인학교에 가서 시를 가르친다. 시를 가르쳐서 버는 돈은? 동네사람이 궁금해 물어보는데 차마 말할 수 없다. "차를 왕복 열두 번 갈아타"야 하니 교통비와 식대 지출만 해도 강사료가 거의 다 나가리라. "돈이 안 되는, 밥도 안 되고 옷도 안 되는/그 잘난 붓이나 벼리"겠다고 집을 나서는 화자는 가장 노릇을 제대로 못하고 있다. 그래서 "아내의 핀잔 구박 멸시에 자존심이 상한 구선생"은 오기를 발동해 "더욱 열심히 호밋자루 움켜쥐고/농자천하지대본 따라다니며/땀을 동이로 쏟는 것"이었다. 핀잔, 구박, 멸시를 주는 아내이건만 어찌하여 '농자천하지대본'이라고 우러러 부르게 된 것일까. 가장 노릇을 대신 해주기 때문에? 시집의 앞부분에 놓인 시의 제목이 「감사할 뿐」이라는 데 주목할 필요가 있다. 아내는 땅을 터전으로 하여 살아온 사람이다. 가장 정직하게, 누구보다 성실하게. 제2부의 시편에서는 아내의 삶이 좀 더 구체적으로 묘사되고 있다.

어제 저녁 어두컴컴할 때까지
포도나무 고랑에 나랑 마주 서서
하루가 다르게 자라는 지네발 따고

곁순 주고 육손이를 따내던 아내
밤새 어깨 결림도 잊고
깊은 잠에 곯아떨어졌던 아내

따뜻이 새벽밥 지어놓고
이 사람 어딜 갔나 했더니
포도농사 짓는 늙은 아내
부슬부슬 가랑비 속에
아침 일찍부터 노란 우비 덮어쓰고
알 솎음이 늦었다면서
또다시 왕성한 포도덩굴과 마주 서 있네

—「밥이나 먹었는지」 전문

아내의 일과가 고달프기 짝이 없다. 밤늦도록 일했으니 다음날 하루쯤은 쉬어야 하는 것이 당연지사다. 그런데 농사꾼에게는 휴가도 없고 월차도 없다. 새벽밥을 지어놓고 부슬부슬 내리는 가랑비를 뚫고 포도 알 솎아주는 것이 늦었다고 포도밭으로 달려갔으니, 이런 아내가 고맙지 않으면, 사랑스럽지 않으면, 그건 사람이 아니다! 아래의 시를 보면 시인의 아내 김연복 여사가 어찌하여 야생마로 길들여졌는지, 과거지사가 펼쳐진다. 한 인간의 일대기라고 할까 평전이라고 할까, 그 내력이 흥미진진하다.

내 마누라 김연복은 오 남매를 쑥쑥 낳아 길러낸 생산적인 여자

김연복은 여섯 살 땐가 일곱 살 때

아버지 그러니까 내 장인어른의 특명으로

난산의 어미 돼지 좁은 산도에, 어린 조막손 밀어 넣어

오물오물 일곱 마리의 새끼돼지를 꺼낸 것을 기억한다

이런 일이 있은 뒤 그녀는 동네의 억센 머슴 녀석들과 어울려

녀석들이 못하는 거친 일도 척척 해내며 그들을 손아귀에 넣고 커갔다

이를테면 남자들도 못 드는 무거운 쌀가마니를 번쩍번쩍 들어 올린다든가

누구와 싸움이 붙어도 절대 지지 않는 그런 여장부로

야생마로 길들여진 김연복,

중매결혼으로 나에게 시집온 뒤에도 힘으로 군림하는 그녀에게

손에 흙 안 묻히는 일들은 일도 아니다 거지발싸개다

이를테면 내가 밤새워 쓰는 시 나부랭이는 휴지 쪼가리에 불과하고

내 혀를 갈아 입으로 벌어오는 돈은 돈 가치로 쳐주지도 않는다

—「위대한 김연복 여사」 부분

설사 아버지의 명령이라고 하더라도 어미 돼지의 산도에 조막손을 넣어 일곱 마리의 새끼를 꺼낸 데는 보통 이상의 담력이 필요했을 것이다. 그때가 여섯 살 때였던가, 일곱 살 때였던가. 그렇게 남자 못지않게 씩씩했던 아내는 여자이면서도 덩치 큰 사내들 틈에서 골목대장 노릇을 하면서 성장해 갔다. 중매결혼으로 화자와 결혼을 했는데, 하고 보니 남자가 백면서생이다. "열심히 되지도 않는 글을 써대는 비생산적인/나는 그녀 앞에서 언제나 졸장부"다. 자책은 "그녀에게 아름다운 시 한 편 지어 바치지도 못하는 나"로 이어진다. 자, 그런데 아내는 나이 팔십을 바라보고 있다. 음식점이나 마을 회관을 빌려 잔치를 벌일 수도 있지만 그 돈은 아내가 농사를 지어 번 돈이거나 자식들이 모은 돈일 것이다. 궁리를 해서 마련한 것이 바로 이 시집이다. 아내가 땅을 통해 벌어들인 것이 아내로서 가장 정직한 수확물인 것처럼 화자가 붓을 들어 벌어들인 것이 시인으로서 가장 정직한 결과물인 것을 알고 시집을 헌정하기로 했으니 소박하다고 해야 할까 정직하다고 해야 할까. 아무튼 이렇게 하여 이번 시집이 마련된 것이다. 이제 시인의 시세계에 좀 더 들어가 보기로 하자.

> 농산물 수입 개방에 반대하여 WTO 멕시코 카쿤 대회에서 스스로 시퍼런 목숨을 끊어 태양보다 진한 붉은 피를 세계만방에 뿌린 대한민국의 농민 대표 이경해 씨, 다

아시죠. 나는 이 소식에 접하면서 왜 수십 년 전 어느 해 큰 홍수에 시퍼런 자신의 몸을 던져 터져나가려는 논두렁을 베고 죽었다는 홍사영 그분이 생각났는지 모르지만요. 생각해봅시다. 논두렁 정기라도 받아내지 않고서야 어떻게 이 거센 세계화 개방화의 물결을 조금이라도 늦출 수 있겠어요.

—「논두렁 정기」 부분

화자는 아내의 농사일을 지청구를 들어가며 간간이 도울 따름이다. 하지만 농사꾼의 고충을 모를 리 없다. "농산물 수입 개방에 반대하여 WTO 멕시코 카툰 대회에서 스스로 시퍼런 목숨을 끊"은 이경해 농민을 애도하는 이런 시는 시인의 현실비판의식을 충분히 감지할 수 있다. 박정희 대통령이 '工業立國'의 기치를 높이 든 이래 농업은 완전히 찬밥 신세가 되고 말았다. 농산물 가격을 저가로 유지해야 공산품 가격이 안정된다고 생각한 역대 정부는 농민을 희생양으로 삼는 정책을 채택하여 지금까지 유지해 오고 있다. 게다가 외국 농산물의 수입을 허용한 WTO 체결이 한국 농민의 숨통을 틀어막는 행위라고 간주한 이경해라는 농민은 자살을 함으로써 이 조약의 부당함을 세계만방에 알리려고 했다. 이경해 님의 자살은 "일견 바위에 계란 치기 같은 무모한 몸부림이겠지만 세계 어느 나라 농민도 해내지 못하는, 작지만 매운 고추 맛으로 우리는 오천 년을 버티어 지금 지구촌을 깜짝 놀라게 하고 있"다고 시인은 보고 있다. 농촌의 공동화 현상도 안타깝기 이를 데 없는 일이다.

수년 사이 한 번도 어린애 우는 소릴 듣지 못합니다.
여자라곤 오륙십 대 과수댁이거나
칠십 대 이상 할머니들뿐,
이십 대 전후 꽃다운 나이가 되기 무섭게
여지애들 도회로 빠져나가고
생산 가능한 젊은 엄마들 까닭 없이 집을 나가버려
생홀아비가 한둘이 아니고
삼사십 대 노총각도 서너 명 됩니다.

—「여자를 찾습니다」 부분

다 떠나고 몇 집 안 되는 마을 사람들

호미 걸어놓고 적자뿐인

땀을 씻어 내리는 농부들

—「칠월의 한때」 부분

한국 사회 전체가 고령화 사회로 접어는 지 오래인데 농촌은 더욱 심하다. 농촌의 60대는 청년이고 70~80대가 농사를 짓고 있는 경우가 허다하다. 장가 못 간 농촌 총각들이 워낙 많다 보니 시인은 "주방도 도시에 진배없이 현대화되고/자가용 없는 집 없는데 여자가 없습니다./여자를 찾습니다. 철수랑 승국이랑 수만이랑/신랑감들도 보장하건대 모두 착하고 건실합니다."라고 하면서 농촌으로 시집올 여자를 찾는다고 부르짖지만 성사되는 경우는 거의 없다. 그래서 하다못해 베트남에서 필리핀에서 신붓감을 찾아보기도 하는데, 백년해로하는 경우보다는 파경을 맞이하는 경우가 많다. 시인은 '떠나가는 농정(農政)에서 돌아오는 농정으로' 정책을 펴지 못하는 선량들이 원망스럽다.

여의도는 국회가 열리는 기간에 풍랑이 장난이 아니다
조용히 끝내는 회기가 없다

여야
야야

혀를 갈아먹고 사는 선량이라지만
말씀이 너무 거세다
파도가 하늘을 치겠다

관습처럼 멱살 잡는 말싸움 몸싸움으로

삿대질로 사공은 산으로 가고 오랫동안 표류하는
여의도 너무 멀리 왔다
제19대 국회 개원을 기해
대한민국 여의도 국회의사당 앞마당에 이제는 등대를
세우자

—「여의도 등대」 부분

어느 정권 어느 대통령 때도 마찬가지였다. 국회의원들은 상스런 말을 함부로 하고 "멱살 잡는 말싸움 몸싸움"에다 날치기 통과를 일삼았다. 법을 지켜야 할 사람들이 법 어기기를 밥 먹듯이 하니, 시인은 등대라도 세워 바른 길로 인도하고 싶은 것이다. 또한 도시 서민과 농민의 고충을 아는 대통령을 바라는 것인데, 그것을 상징적으로 보여주는 시가 있다. "공사판이나 시장바닥 또는 농어촌을 돌면서/유권자와 어울려/막걸리 한 사발 캬, 들이켤 줄 알아야 당선 가능성도 그만큼 높아지느니" 하는 시를 쓴 이유를 누가 모르겠는가. 역대 대통령 중 이런 서민적 풍모를 보여주었던 이는 박정희와 노무현 두 대통령이었던 것으로 안다. 아무튼 "기생오라비같이 빤질빤질 갈급한 정치이거나/부글부글 거품만 풍기는/마침내 공약(公約)이 공약(空約)으로 시리지는/소모적인 거품성지막에 남는 게 없으리" 하면서 날카로운 현실비판의식을 보여주기도 한다. 광화문 촛불시위 현장에 있지 않고 초록 들판에서 초록 촛불을 켠 마을사람들을 칭송하기도 한다. 본분을 다한다는 것, 그 또한 중요한 일이라고 시인은 생각하고 있는 듯하다.

> 눈부셔라 우쭐우쭐 춤을 추듯
> 시위하는 우리 마을의 평화
> 한 포기 한 포기의 벼는 바로 한 포기 한 포기 촛불
> 쭉쭉 자라나는 싱싱한 초록 촛불을 보아라
>
> 숨 가쁘게 내뿜는 시퍼런 목소리
> 어떤 권력의 힘으로도 막을 수 없는 평화가
> 고요히 넘쳐흐르는 이 아침
>
> —「초록 촛불」 부분

광화문에 모여서 촛불을 밝혀 시위하는 군중을 반대하거나 비판하는 입장은 아니다. 다만 화자가 생각하건대 농사꾼이 농사일을 팽개치고 시위현장에 있다면 농사를 짓는 사람이 없어지는 것이니, 한 포기 한 포기 초록 촛불을 밝히는 사람의 가치를 인정해 달라는 것이다. 그래서 "농사가 한창인 때는 벼락 치는 소리도 귀 밖에 먼" 것이다. 하지만 이번 시집에서는 뭐니뭐니해도 가장 중심이 되는 시가 아내 예찬의 시다.

하루에 열두 번도 더 나와 헤어지는 여자

내 머릿속 내 가슴속 내 꿈속까지 들어와

온통 나를 다 차지하는 단 한 사람의 여자

—「마누라」 전문

“하루에 열두 번도 더 나와 헤어지는 여자”라고 한 것은 아마도, 아내의 심한 잔소리 때문이 아닐까. “내가 무슨 말이든 입을 벌렸나 하면/주먹으로 냅다 입을 틀어막아 주니 고맙습니다/이해가 안 되겠지만/덕분에 내가 묵언의 자유를 누릴 수 있으니까요” 하는 것은 “남들은 아무렇지도 않게 보아 넘길 내 언행에/일일이 토를 달고 잔소리를 해주어서” 그저 고맙다고 한다. 잔소리는 관심이 없으면 하지 않는 소리다. 아무튼 아내는 남편이 못마땅하다. 무능한 것도 같다. 농번기 때는 장정 몫을 해주어야 할 사람인데 풀 뽑기, 고추 따기 정도밖에 할 줄 아는 일이 없다.

단순히 시를 짓는다는 죄 때문에
아무리 우박지름을 당해도
밟히고 밟혀도 다시 고개 드는
내가 이만큼이나 시 쓰는 고통을 누리는 것이 다

내 마누라님이 되어준 그대 덕분입니다
고맙습니다

—「고맙습니다」 마지막 연

시 쓰는 일의 가치를 아내한테는 인정받지 못하고 있는 듯하다. 하지만 그런 아내를 시인은 조금도 원망하지 않고 진심으로 고마워하고 있다. 해설자가 보건대 정대구 시인과 김연복 여사와의 만남은 그야말로 천생연분이다. 이렇게 된 데에는 시인의 하해와 같은 마음이 한몫한 덕분이 아닐까. 아무리 잔소리를 해도 네, 네 하며 살아가는 것이 가장 현명한 처신 방법임을 알고 있기 때문이기도 할 것이다. 눈치 보고 순종하며 아내의 영향권을 벗어나지 않는 것이 노년의 생존법인지도 모른다. 아무도 반겨주는 이 없는 쓸쓸한 세상에서 그래도 아내는 노년의 추레함과 외로움을 다독여줄 수 있는 유일한 존재가 아닐까.

농촌에 살면서도 자신은 농사일에 방관자인 셈이다. 시를 쓰고 대학 강단에서 문학을 가르치면서 한 생을 살아왔지만 자신의 삶이 아내 앞에서는 부끄럽다.

내가 아직도 빳빳이 고개 세우고
여기저기 얼굴 내밀고 나댈 때
익을수록 고개 숙이는 벼이삭을 생각하며

나는 부끄럽다 부끄러워 얼굴 붉힌다

나락이 하나하나 껍질을 벗고 드러내는 눈부신 통통한
알몸[米]
사람들의 허기를 달래고 살이 되고 피가 될 때
나는, 나의 시는 어떤가
얼굴 들지 못한다

—「벼에게 배운다」 부분

시인은 이렇게 겸양의 말을 하지만, 사실 정대구 시인은 한국 시단에서 그 누구보다 정직하게 자기만의 길을 걸어온 시인이다. 문단의 단체장이 되기 위해 뛰어다니는 문인, 상을 받기 위해 운동을 하는 문인, 등단 장사를 하는 문인, 파당을 만들어 몰려다니는 문인, 자기가 소속된 단체의 문인이 아니면 인정하지 않는 오만불손한 문인…… 이런 문인들 틈바구니에 끼지 않은 순결한 시인이었다. 정대구 시인은 20년 이상 중고등학교에서 국어를 가르쳤고 20년 이상 대학 강단에서 문학을 가르쳤다. 이제 시력 44년에 20여 권의 시집을 갖게 되었다. 그것도, 땅을 일구어 생명체를 키워내는 농사꾼 아내를 예찬하는 시를 묶어서.

이번 시집이 시인의 종착역일 수 없다. 정대구 시인의 시는 전혀 난해하지 않고 체험의 시, 생활의 시, 이야기 조의 시다. 즉, 상상력의 시, 관념의 시, 포스트모더니즘의 시가 아니다. 일견 지나치게 쉬워서 인식의 깊이나 사색의 넓이가 부족함을 느끼는 독자도 있겠지만 소통불능의 시가 양산되고 있는 우리 시단에 정대구 시인의 정직함이나 순수함은 소중한 덕목이 아닐 수 없다. 아무쪼록 앞으로 더 나은 시, 오래 남을 시를 써주기 바랄 뿐이다.

이 시집 발간을 아내 김연복 여사가 좋아할지, 왜 남부끄러운 짓을 하냐고 지청구를 할지 몹시 궁금하다. 두 사람이 경기도 화성 송산면 지화리 우복동 221번지에서 아웅다웅하면서 백년해로하기를 바란다.

이 도서의 국립중앙도서관 출판시도서목록(CIP)은 서지정보유통지원시스템 홈페이지(http://seoji.nl.go.kr)와 국가자료공동목록시스템(http://www.nl.go.kr/kolisnet)에서 이용하실 수 있습니다.(CIP제어번호: CIP2016012606)

시인동네 시인선 057
위대한 김연복 여사

초판 1쇄 인쇄 2016년 6월 1일
초판 1쇄 발행 2016년 6월 8일

지은이 정대구
펴낸이 고영
책임편집 류미야
디자인 헤이존
펴낸곳 문학의전당
출판등록 제311-2012-000043호
주소 서울시 은평구 연서로11길 7-5 401호
전화 02-852-1977 팩스 02-852-1978
전자우편 sbpoem@naver.com
ISBN 979-11-5896-262-3 03810